Travailler dans les communautés canadiennes

LES EMPLOIS DANS LES BANLIEUES CANADIENNES

DE TODD KORTEMEIER

Vrai Nord est publié par les éditions Beech Street Books
27, route Stewart, Collingwood, ON Canada L9Y 4M7

www.beechstreetbooks.ca

Produit par Red Line Editorial

Photographies © : Volodymyr Kyrylyuk/iStockphoto/Thinkstock, couverture, 1; PhotoSerg/Shutterstock Images, 4 – 5; L Barnwell/Shutterstock Images, 6; SF photo/Shutterstock Images, 8 – 9; Kzenon/Shutterstock Images, 10; Firma V/ Shutterstock Images,12 – 13; Monkey Business Images/Shutterstock Images, 14 – 15, 16 – 17; wave break media/Shutterstock Images, 18 – 19; Red Line Editorial, 20 – 21

Éditrice : Heather C. Hudak
Conceptrice : Laura Polzin
Traduction française : Nathalie Thompson, directrice et traductrice, French Reflection Translation

Catalogage avant publication de Bibliothèque et Archives Canada

Kortemeier, Todd, 1986-
[Jobs in suburban Canada. Français]
    Les emplois dans les banlieues canadiennes / de Todd Kortemeier.

(Travailler dans les communautés canadiennes)
Comprend un index.
Traduction de: Jobs in suburban Canada.
Publié en formats imprimé(s) et électronique(s).
ISBN 978-1-77308-155-7 (couverture rigide).--ISBN 978-1-77308-215-8 (PDF).--
ISBN 978-1-77308-314-8 (HTML)

    1. Professions--Canada--Ouvrages pour la jeunesse. 2. Banlieues--
Canada--Ouvrages pour la jeunesse. 3. Vie de la banlieue--Canada--
Ouvrages pour la jeunesse. I. Titre. II. Titre: Jobs in suburban Canada.
Français.

HF5382.5.C2K6314 2017   j331.700971   C2017-903126-0
                                                     C2017-903127-9

Imprimé aux États-Unis d'Amérique
Mankato, MN
Août 2017

TABLE DES MATIÈRES

Chapitre un

CRÉER DES ENTREPRISES

Le Canada est un immense pays. On y trouve de grandes villes et de petites municipalités. Un grand nombre de Canadiens vivent dans des régions **urbaines**. On trouve différentes communautés à l'intérieur de ces régions. Les villes se développent vers l'extérieur. Il y a un **centre-ville** avec de grands édifices. Il y a des **quartiers** où les gens vivent. Il vient un moment où les villes arrêtent de grandir. C'est là que les banlieues commencent.

Les banlieues sont des communautés situées tout près d'une ville. Certaines villes ont plusieurs banlieues. Toronto est la plus grande ville du Canada. Elle est entourée de grandes banlieues, comme Brampton et Markham. La ville d'Edmonton est beaucoup plus petite que Toronto.

On trouve plusieurs banlieues à Toronto.

Les centres commerciaux linéaires sont fréquents dans les banlieues partout au Canada.

Elle a tout de même des banlieues. St. Albert et Spruce Grove sont situées tout près.

Environ les deux tiers des Canadiens vivent en banlieue. Les banlieues ont toujours existé. Mais elles sont devenues plus fréquentes dans les années 1940. C'est à cette époque que les gens ont commencé à posséder leur propre maison et voiture. Ces deux éléments sont plus fréquents en banlieue. En ville, on loue souvent des appartements. On prend l'autobus, le taxi et on marche.

Les banlieues sont plus étendues que les villes. La plupart n'ont pas de centre-ville ou de hauts édifices à bureau. On y trouve plus de maisons et de petits commerces. La majorité des commerces servent les gens qui vivent en banlieue. Les restaurants, épiceries et magasins au **détail** y sont populaires. Les gens qui vivent en banlieue occupent plusieurs types d'emplois.

Plus de 14 millions de Canadiens travaillent dans les services. Certains travaillent dans le secteur de l'alimentation. Ils servent aux tables ou prennent votre commande au restaurant. D'autres sont plombiers ou peintres. Quarry Park, à Calgary, est une grande banlieue. On y trouve suffisamment d'espace pour 20 000 travailleurs et des maisons pour héberger 5 000 personnes. Seton est une autre banlieue de Calgary. C'est une des plus grandes banlieues au Canada. Cette ville offre beaucoup d'espace à bureaux. On y trouve plusieurs sortes de petites entreprises et différents types d'emplois. Certaines personnes travaillent comme préposés aux ventes. Elles aident les gens à faire des achats. D'autres personnes de la banlieue peuvent être dentistes, coiffeurs, bouchers ou **mécaniciens**.

DE LA BANLIEUE À LA VILLE

Certaines banlieues canadiennes sont devenues des villes avec leurs propres banlieues. L'une d'elles est la ville de Mississauga. Elle est située au sud-est de Toronto. Elle a été annexée comme **canton** de Toronto en 1850. Elle a pris de l'expansion jusqu'aux années 1960, en comptant plus de 100 000 personnes. Puis, elle est devenue une ville en 1974. De nos jours, elle est l'une des plus grandes villes du Canada. On y compte plus de 700 000 personnes. On y trouve quelques-unes des plus grandes compagnies au Canada. Un grand nombre de personnes y travaillent dans les **finances**. D'autres travaillent dans la fabrication de produits.

7

Chapitre deux

FABRIQUER DES CHOSES

Le Canada fabrique beaucoup de produits. Plusieurs Canadiens travaillent dans la fabrication de produits. On trouve beaucoup de manufactures dans les banlieues. Les banlieues ont plus d'espace pour les usines que les villes.

L'industrie de l'automobile est une des industries manufacturières les plus importantes au Canada. Il existe cinq entreprises qui construisent des voitures au Canada. Plus de 3 000 personnes travaillent dans l'usine d'assemblage de Brampton, à l'extérieur de Toronto. Oakville est une autre banlieue de Toronto. Environ 4 500 personnes y travaillent dans une usine de fabrication de voiture. Plusieurs d'entre elles travaillent sur une **chaîne de montage**. Elles construisent différentes pièces de voiture. Certains peignent la carrosserie des voitures. D'autres installent les pneus.

Environ 180 000 personnes vivent à Oakville. Cette banlieue est située sur bord le du lac Ontario.

Certains travailleurs d'entrepôt conduisent des chariots élévateurs.

Beaucoup d'autres produits sont fabriqués sur une chaîne de montage. Certains travailleurs conduisent des véhicules que l'on appelle *chariots élévateurs*. On a besoin d'un permis spécial pour les conduire. Ces travailleurs utilisent les chariots élévateurs pour déplacer des produits plus lourds dans l'usine. D'autres travailleurs vendent les produits à ceux qui en ont besoin.

Ce n'est pas suffisant de seulement fabriquer des produits. Ces produits doivent être expédiés dans d'autres endroits au pays. Certains travailleurs mettent les produits dans des boîtes. D'autres chargent ces boîtes dans des camions. Les chauffeurs de ces camions transportent les boîtes dans des **entrepôts**. Ce sont d'immenses édifices. Les produits y sont entreposés jusqu'à ce qu'ils soient vendus.

Plusieurs banlieues ont de nombreux entrepôts. À Calgary, les travailleurs d'entrepôt expédient des produits partout dans l'Ouest canadien. Des personnes entreposent les produits sur des étagères. Elles les emballent pour les envoyer dans des magasins ou d'autres commerces. Environ 75 000 personnes situées dans la région de Calgary travaillent dans des entrepôts.

Les travailleurs d'entrepôt trouvent les endroits où envoyer les produits. Ils s'assurent que les produits se rendent aux bons endroits. Ils les chargent sur un camion. Ils les envoient parfois dans les aéroports.

Les aéroports se trouvent souvent en banlieue. À l'aéroport, des travailleurs chargent les produits sur les avions. Certaines personnes travaillent comme mécaniciens. D'autres accueillent les voyageurs.

DANS LES AIRS

Le Québec est reconnu pour son industrie **aérospatiale**. Près de 37 000 Québécois travaillent dans l'aérospatial. Les entreprises en aérospatiale du Québec fabriquent des avions et des hélicoptères. Elles fabriquent aussi des **simulateurs** de vol pour les pilotes en formation.

11

Chapitre trois

BÂTIR LE CANADA

Plus d'un million de Canadiens travaillent dans la construction. Plusieurs d'entre eux travaillent dans les banlieues. Les banlieues progressent toujours. Les gens ont besoin d'un endroit où vivre. Les entreprises ont besoin de bureaux. Les banlieues sont le site de nombreux projets de construction.

Abbotsford, en Colombie-Britannique, est une des banlieues qui se développent le plus rapidement au Canada. Elle est située juste à l'extérieur de Vancouver. On y compte plus de 140 000 personnes. On y trouve de nombreux emplois dans la construction. Environ 11 000 personnes à Abbotsford travaillent dans la construction. Elles construisent des maisons et des commerces. Elles aident

Parfois, les travailleurs de la construction doivent construire des choses en atelier. Ils apportent ensuite les pièces sur le chantier de construction pour les assembler.

aussi d'autres personnes à rénover leur maison. Elles peuvent devoir installer un nouveau toit ou peindre des murs.

Un projet a besoin de plusieurs travailleurs spécialisés. Les architectes dessinent les édifices. Les charpentiers construisent la structure. Ils utilisent des scies et des marteaux pour fabriquer l'armature. Les plombiers travaillent à installer les lavabos et les tuyaux pour l'eau. Les électriciens s'assurent que l'édifice a de l'électricité. La construction crée aussi de l'emploi pour les **courtiers immobiliers**. Ils vendent les maisons lorsqu'elles sont prêtes. Ils peuvent aussi louer des locaux commerciaux.

CONSTRUIRE DES PONTS

L'un des plus grands projets de construction au Canada est celui du nouveau pont Champlain au Québec. Il reliera Montréal aux banlieues situées de l'autre côté du fleuve Saint-Laurent. Il coûtera entre 3 et 5 milliards de dollars. Environ 30 000 personnes travailleront sur ce pont. On pense compléter le projet en décembre 2018.

Beaucoup de travailleurs de la construction construisent des maisons dans les banlieues.

Chapitre quatre

AIDER LES AUTRES

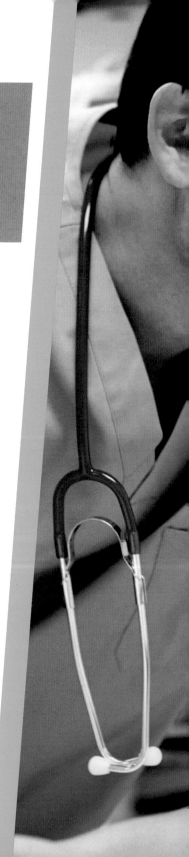

L a majorité des gens au Canada travaillent dans les services. Environ 14 millions de travailleurs travaillent dans ce secteur. Un grand nombre de ces personnes occupent des emplois qui aident les autres.

Plus de gens travaillent dans les soins de santé que dans n'importe quelle autre industrie au pays. Ce secteur offre plus de deux millions d'emplois. Plusieurs travailleurs de la santé aident les Canadiens à se sentir mieux. Certains sont médecins. D'autres sont infirmiers. Les psychiatres aident la santé mentale des gens. Les physiothérapeutes aident les gens à récupérer d'une blessure.

Environ 1,3 million de Canadiens travaillent dans l'éducation. À Edmonton, la majorité des écoles se trouvent au cœur de la ville. Avec le déménagement des gens

Des centaines de milliers de Canadiens travaillent dans les soins infirmiers.

dans les banlieues, de nouvelles écoles sont construites. Certaines personnes aident à maintenir les écoles ouvertes. Les travailleurs de la cafétéria s'assurent que tout le monde est bien nourri. Les directeurs d'école s'occupent des tâches de tous les jours. Les chauffeurs d'autobus scolaire amènent d'une manière sécuritaire les enfants à l'école.

Les banlieues canadiennes sont de petites villes. Elles offrent tous les services et le logement dont sa population a besoin. Le Canada devient de plus en plus un pays de banlieues.

QUESTIONS

Quels emplois sont offerts dans la banlieue près de chez toi? Quelles différences ont-ils par rapport aux emplois offerts dans d'autres banlieues dans ta province, ton territoire ou ailleurs au Canada?

On trouve plus de 15 000 écoles au Canada. Plusieurs d'entre elles sont dans les banlieues.

UNE COMMUNAUTÉ DE BANLIEUE

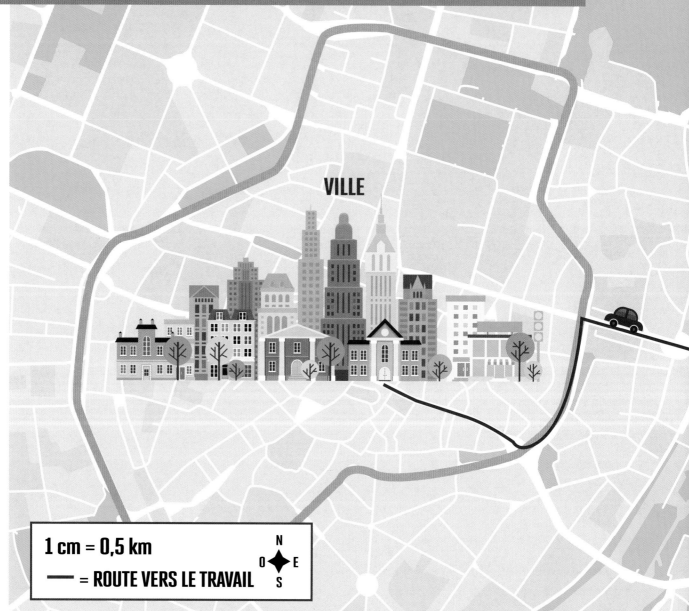

VILLE

1 cm = 0,5 km

N
O ◆ E
S

— = ROUTE VERS LE TRAVAIL

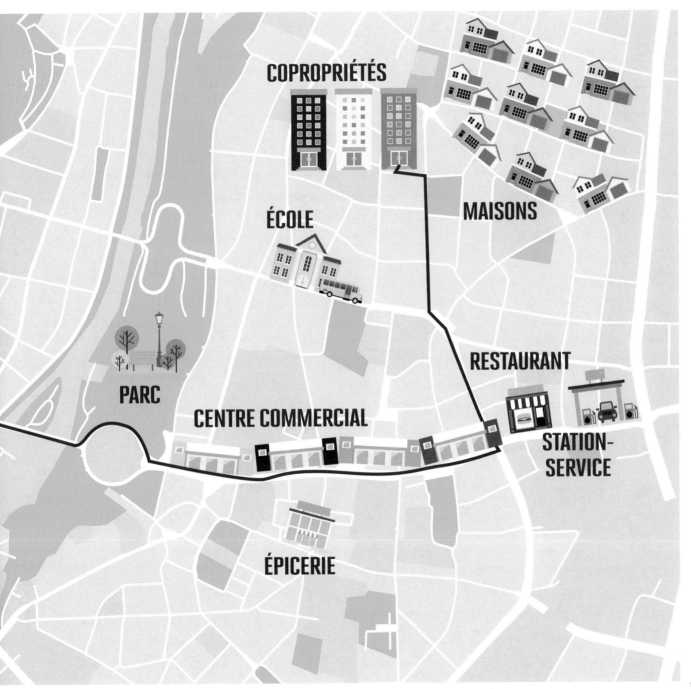

COPROPRIÉTÉS

MAISONS

ÉCOLE

RESTAURANT

PARC

CENTRE COMMERCIAL

STATION-
SERVICE

ÉPICERIE

21

GLOSSAIRE

AÉROSPATIALE

industrie liée aux avions et aux véhicules spatiaux

CANTON

un type de petite municipalité

CENTRE-VILLE

partie intérieure d'une ville comprenant les plus hauts édifices

CHAÎNE DE MONTAGE

alignement de machines et de gens dans une usine, où chacun fabrique une partie d'un objet

COURTIERS IMMOBILIERS

personnes qui vendent des maisons

DÉTAIL

industrie liée à la vente de produits

ENTREPÔTS

immenses édifices comprenant beaucoup d'espace intérieur pour entreposer des produits

FINANCES

industries qui s'occupent de gérer de l'argent

MÉCANICIENS

travailleurs qui réparent de la machinerie, comme des moteurs de voiture

QUARTIERS

dans une ville ou un village, petits secteurs où les gens vivent

SIMULATEURS

appareils qui imitent les opérations de certains équipements ou véhicules

URBAINES

régions qui ne sont pas rurales

SITES WEB

CLUB DES JEUNES
GOUVERNEMENT DU CANADA

http://www.rncan.gc.ca/energie/efficacite/clubdesjeunes/7806

PRÉSENTATION
NOUVEAU PONT CHAMPLAIN

http://www.nouveauchamplain.ca/projet/presentation

PROGRAMMES
LA SOCIÉTÉ GÉOGRAPHIQUE ROYALE DU CANADA

http://www.rcgs.org/fr/programmes/default.asp

INDEX

À PROPOS DE L'AUTEUR

Todd Kortemeier est journaliste, éditeur et auteur de livres pour enfants. Il a écrit des douzaines de livres jeunesse portant sur une grande variété de sujets.